2. Auflage 2013

Erschienen bei FISCHER Duden Kinderbuch

© S. Fischer Verlag GmbH, Frankfurt am Main 2013
„Duden" ist eine eingetragene Marke des Verlags Bibliographisches Institut GmbH, Berlin.

Fachberatung: Ulrike Holzwarth-Raether
Layout und Satz: Michelle Vollmer, Mainz
Illustration Lesedetektive: Barbara Scholz
Umschlaggestaltung: Mischa Acker, Mannheim
Druck und Bindung: Offizin Andersen Nexö Leipzig GmbH
Printed in Germany
ISBN 978-3-7373-3525-6

Lesedetektive

Abc-Vorlesegeschichten Prinzessinnen

Dagmar Binder

mit Bildern von Dorothea Tust

FISCHER Duden Kinderbuch

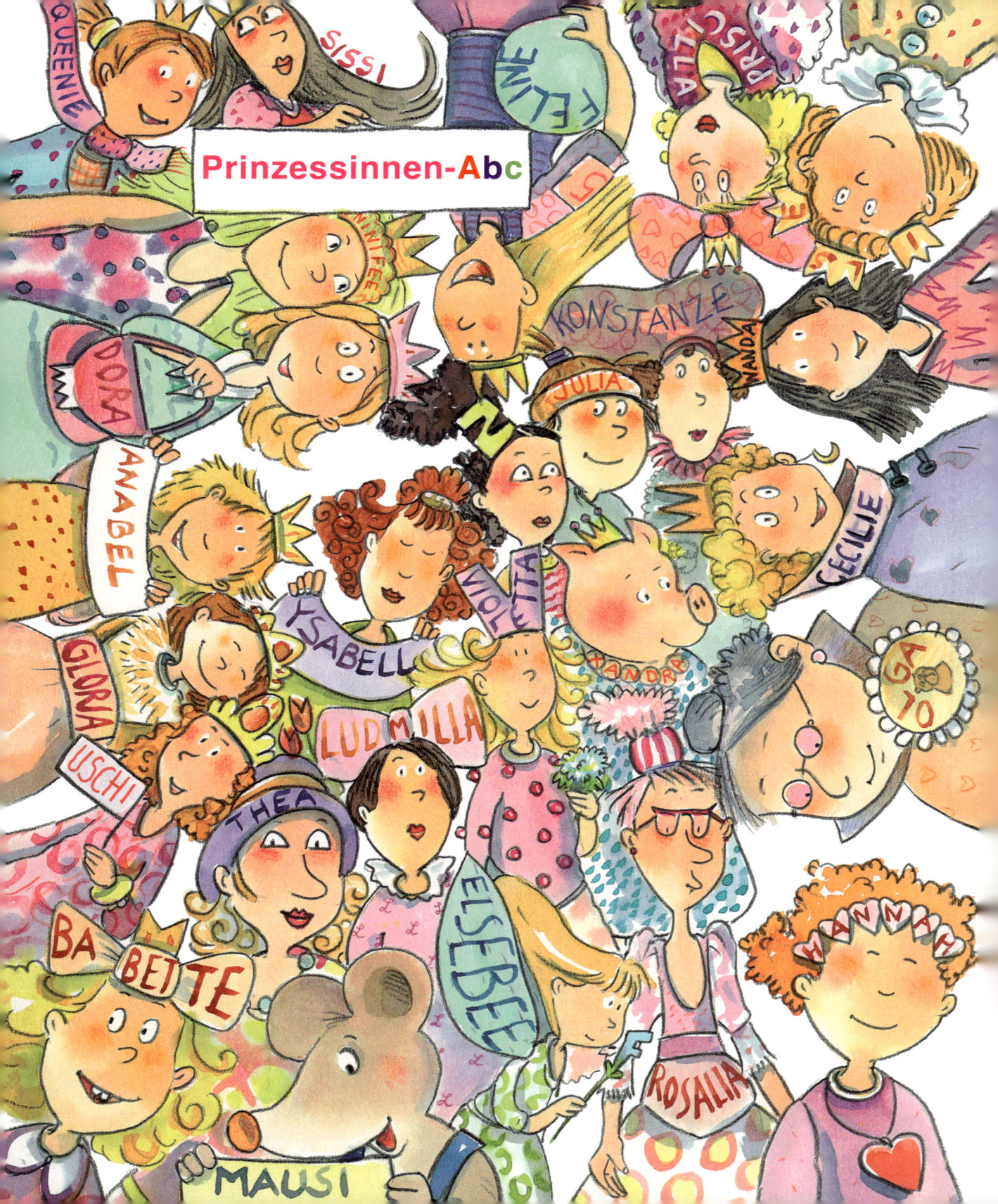

Prinzessinnen-Abc

A, a

Alles Prinzen und Prinzessinnen!

Am Anfang war Prinzessin Amidala mit Mama und Papa ganz alleine. Doch dann bekam sie nach und nach acht Brüder und Schwestern – alles Prinzen und Prinzessinnen: Anton, Albertine, Aragon, Annabella, Alf, Astranzia, Anastasia und Alischa. „Allesamt ganz allerliebste Babys", sagt Amidala.

ALLERLIEBST!

**Sprich die Namen der Früchte laut.
In welchen Wörtern hörst du am Anfang ein A ?**

B, b

Babette und Babsi backen

Prinzessin Babette und Prinzessin Babsi backen einen superschnellen Becherkuchen.

Einen 🥛 Sahne mit vier 🥚🥚🥚🥚 verquirlen.

Zwei 🥛🥛 Mehl mit einem halben 🥄 Backpulver und einem 🥛 Zucker unterrühren.

Backblech mit Backpapier auslegen.

Teig aufs ▱ gießen,

bei 200 Grad 10 Minuten backen.

Inzwischen 125 Gramm Butter schmelzen.

Einen 🥛 Zucker und einen halben 🥛 Milch einrühren.

Das ▱ aus dem Backofen holen

und die Butter-Milch-Mischung darübergießen.

Eine 🥫 Mandelblättchen daraufstreuen

und 10 Minuten weiterbacken.

Bitte, besser als Brezel!

BOAH!

C, c

Cabrio und Currywurst

Chauffeur Charlie kutschiert Prinzessin Cecilie
im Cabrio zum City-Imbiss.
Charlie bestellt für Cecilie:
„Currywurst mit Ketchup und zwei Cola!"
Cecilie kleckert Ketchup
auf ihr schickes Cape aus China:
„Nächstes Mal nehme ich lieber
Chickenwings mit Chips!"

„So 'n Schiet!"

Das C kann unterschiedlich klingen.
Sprich die Namen der Dinge laut.

D, d   Der Drache in der Dose

Diener Detlef bringt eine Dose:
„Ein Geschenk von Prinz Dragomir."
„Danke, Detlef!", sagt Prinzessin Dora.
Die Dose ist ganz warm und duftet angenehm.
Dora öffnet vorsichtig den Dosendeckel.
Drinnen sitzt ein winziger Drache.
„Donnerwetter!", haucht Dora ganz undamenhaft.
„Dora", fragt der Drache leise,
„willst du mit mir davondüsen?"

Donna Dodette

Dottore Dodo

Donatella

E, e

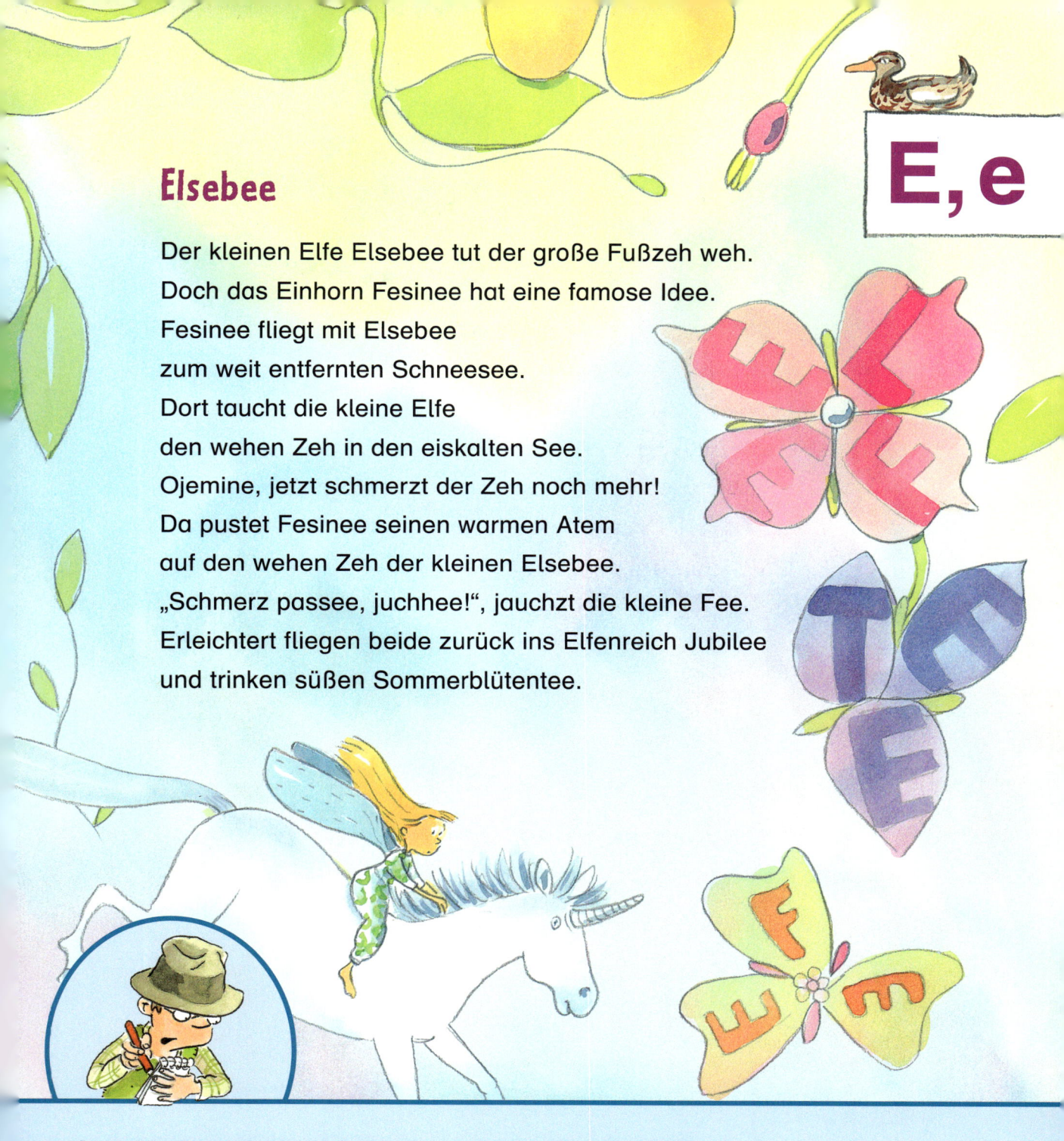

Elsebee

Der kleinen Elfe Elsebee tut der große Fußzeh weh.
Doch das Einhorn Fesinee hat eine famose Idee.
Fesinee fliegt mit Elsebee
zum weit entfernten Schneesee.
Dort taucht die kleine Elfe
den wehen Zeh in den eiskalten See.
Ojemine, jetzt schmerzt der Zeh noch mehr!
Da pustet Fesinee seinen warmen Atem
auf den wehen Zeh der kleinen Elsebee.
„Schmerz passee, juchhee!", jauchzt die kleine Fee.
Erleichtert fliegen beide zurück ins Elfenreich Jubilee
und trinken süßen Sommerblütentee.

Aus den Buchstabenblumen kannst du Wörter zaubern.
Magst du eine Buchstabenblume mit deinem Namen malen?

F, f   Fußballprinzessin

FELINE!

Feline flitzt flink übers Fußballfeld.
Furchtlos kämpft sie um jeden Ball.
Und fällt sie mal durch ein Foul aufs Feld,
so steht sie flugs wieder auf.
Feline flitzt dem Ball hinterher
und befördert ihn ins Fußballtor.
Für ihre Fans ist Feline
eine fabelhafte Fußballprinzessin.

Frühmorgens finde ich Fußball ganz fürchterlich! Fffff …

Lass dir den Satz des kleinen Maulwurfs mehrmals vorlesen. Kannst du ihn nachsprechen?

Glitzergeburtstag

Gouvernante Gertrude und Gärtner Gustav
haben den großen Spiegelsaal geschmückt,
Girlanden aufgehängt und Kerzen angezündet.
Jetzt glitzert und spiegelt alles um die Wette.
Da kommen die Gäste mit den Geschenken.
Gemeinsam singen sie:
„Allerliebste Gloria Victoria Antonia,
wie schön, dass du geboren bist,
wir hätten dich sonst sehr vermisst!"

G, g

- Glocke
- Geige
- Nagellack
- Lippgloss
- Vampirgebiss
- Gitarre
- Golfschläger
- Gürtel

Großartige Geschenke!

Über welches Geschenk freut sich Gloria wohl am allermeisten?
Gibt es ein Geschenk, in dem der Buchstabe G oder g nicht vorkommt?

H, h Hannah und die Herzen

Hannah liebt Herzen.
Auch in ihre Schulhefte malt sie Herzen.
Ihre Lehrerin sagt manchmal:
„Hannah, du bist ein echtes Herzchen!"
Heute hat Hanna eine herzige Idee.
Sie bastelt Girlanden: Herz an Herz.
Dazu schneidet sie Krepppapier in Streifen
und faltet jeden Streifen wie eine Ziehharmonika.
Obendrauf malt sie ein Herz und schneidet es aus.

nicht abschneiden!

**HANNAH kannst du vorwärts und rückwärts lesen: HANNAH.
Kennst du noch andere Wörter, die du vorwärts und rückwärts lesen kannst?**

Ilse Bilse

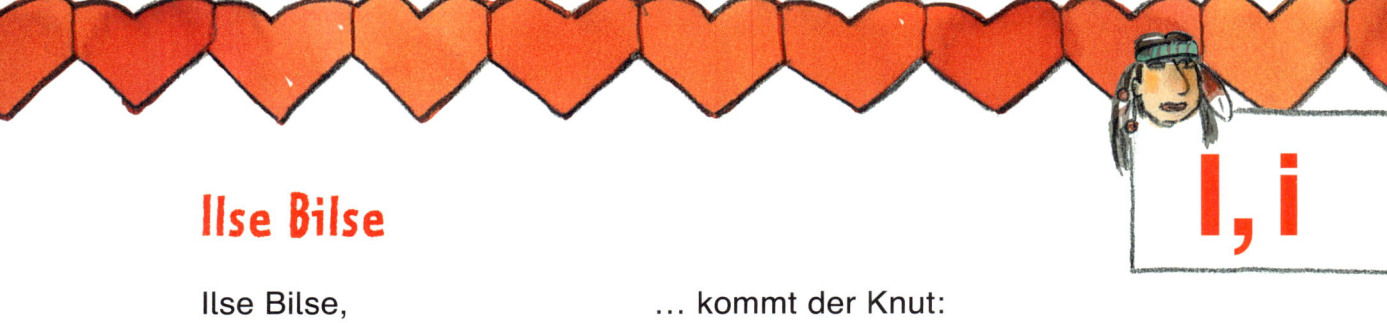

Ilse Bilse,
niemand willse …

… kommt der Koch,
will sie doch.

… kommt der Lasse:
„Du bist klasse!"

… kommt der Knut:
„Dich find ich gut!"

… kommt der Anatol:
„Du bist supertoll!"

Ilse Bilse, jeder willse!

I, i

J, j

Judo mit Jungs

Prinzessin Julia mag keine Jäckchen und Röckchen,
keine Krönchen und auch keine Juwelen.
Julia trägt lieber Lederjacke und Turnschuhe.
Und sie übt gerne Judo mit den Jungs.
Julia beherrscht jeden Dreh- und Hebelgriff.
Und so wirft sie Jan, Julius und Jakob
jederzeit auf die Matte.
„Nicht schon wieder", jammern da die Jungs.

Jedenfalls jeden einmal im Januar geschafft.

K, k

Königliches Kofferpacken

König Kasimir geht mit seinen Kindern
Konstanze und Konrad auf Reisen.
Kammerzofe Klara packt die Kleider in die Koffer.
„Kann ich mein Klavier mitnehmen?", fragt Konstanze.
„Kann ich meine Kaninchen mitnehmen?", fragt Konrad.
Der König kratzt sich am Kinn und denkt nach:
„Die Kaninchen können mit in die Kutsche,
wenn ihr genügend Karotten einpackt.
Aber das Klavier bleibt hier!"

**Wie viele Kaninchen entdeckst du auf dem Bild?
Sprich laut: Wo im Wort Kaninchen hörst du das K, k:
vorne, in der Mitte, hinten?**

L, l Luftballons und Lollis

**Was sieht Ludmilla durchs Schlüsselloch? Die kleinen Bilder helfen dir.
Sprich laut: In welchen Wörtern hörst du das L am Anfang?**

M, m

Um Mitternacht

Micki und Mausi sind echte Palastmäuse.
Am Tag machen sie es sich
in ihren Mauselöchern gemütlich.
Aber um Mitternacht tippeln sie mutig
in die Speisekammer
und mopsen Himbeermarmelade,
Makkaroni und Mayonnaise.
Das mögen sie am liebsten.
Mhm, ein majestätisches Mahl für Mäuse!
Die Palastkatzen schlafen schon
und sind viel zu müde für eine Mäusejagd.

Sprich laut. Was sagt Marta?

M A M A

O M A

N, n

Nixe Ninifee

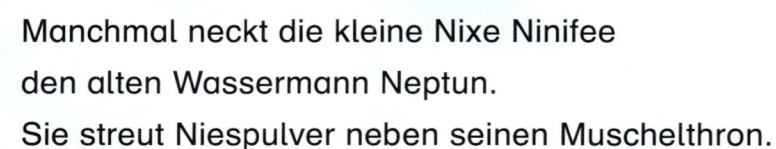

Manchmal neckt die kleine Nixe Ninifee
den alten Wassermann Neptun.
Sie streut Niespulver neben seinen Muschelthron.
„Lasch dasch, dasch mag isch nischt!",
nuschelt Neptun.
Dann muss er neunmal niesen.
Das gibt ein gewaltiges Seebeben.
Muscheln und Sand wirbeln durchs Wasser,
und sogar die Neonfische hören auf zu leuchten.

**Wo ist die Kokosnuss versteckt?
Siehst du ein n im Wort Kokosnuss?**

FORT, MOPS, FORT!

O, o

Omas Mops

Omas Mops kotzt auf Opas Sofa.
„Oh", haucht Oma Olga und fällt in Ohnmacht.
Opa Otto packt den Mops am Ohr:
„Du oller Mops,
fort mit dir aus dem Salon!
Du kommst jetzt auf den Balkon!"

OLLER OPA!

Oh, ordentlich Ärger,
und das zu Ostern!

P, p

Priscillas Palast

Priscilla ist eine piekfeine Prinzessin.
Sie lebt in einem prächtigen Palast mit ihren Eltern
und ihrem pummeligen Bruder, Prinz Poppi.
„Sogar unsere Pagen tragen pinkfarbene Pantoffeln",
lispelt Priscilla. „Puh", stöhnt Prinz Poppi.
„Unsere Porzellanpuppe prahlt wieder!"
Ohne ihren Bruder wäre Priscillas Leben perfekt.
Zum Glück hat sie ihre plüschigen Katzen
Pinky, Petsy und Plissy
sowie die beiden Ponys Pablo und Pedro.
Nur der Palastmops Pogo ist nicht so perfekt.
Ein echter Pupser, genau wie ihr pickliger Bruder!

Sprich laut. Wo hörst du das P, p: vorne, in der Mitte, hinten?

Der purpurne Protzpudding, Prinzessin Priscilla!

Q, q

Quasselstrippen

Quadriga und Queenie quasseln gern.
Quietschvergnügt sitzen sie
auf dicken Kissen mit Quasten dran
und quasseln ohne Ende.
Sogar mit Quarkmasken im Gesicht
machen sie noch jede Menge Quatsch.

QUAK!

QUIEK?

Rosarot

In Rosalias Reich ist alles rosarot.
Das findet Rosalia richtig romantisch.
Natürlich ist auch Rosalias Schulranzen rosarot kariert.
Und die Krallen ihres Katers Karlo hat sie rosa lackiert.
Unter ihrem Kleid trägt sie fünf Unterröcke
mit Rüschen verziert, weil das so schön raschelt.
Sogar ihre Ravioli verspeist Rosalia
nur mit rosaroter Rosinensoße.

R, r

S, s Spieglein, Spieglein

„Spieglein, Spieglein hier im Saal,
wer ist die Schönste
bei der Prinzessinnenwahl?"
Da spricht der silberne Spiegel sanft:
„Ihr, Prinzessin Soraya,
seid die Schönste hier im Saal.
Aber die Sissi hinter den sieben Bergen,
bei den sieben Zwergen,
die ist tausendmal schöner als Ihr."

Wie oft kommt das Wort Sissi auf dieser Seite vor?

Samstag
- Sonnenbaden
- Singen und säuseln
- Sandkuchen backen
- Sauna
- Schmuckstücke basteln
- Sonnenhüte-Show

Seid dabei!

Du Scheusal!

Schön strahlen!

Ein Stück Schoko?

Schaurige Strümpfe!

T, t

Im Tanzpalast

Die Prinzessinnen tanzen am liebsten Ballett,
die Prinzen tanzen gerne Hip-Hop,
manche tanzen Walzer, andere tanzen Foxtrott.
Doch Tante Thea tanzt am liebsten Tango.
Tadeo aus Argentinien klatscht begeistert:
„Andante, liebe Tante, du tanzt fulminante!"
„Was meint er damit?", fragt Tante Thea.
Onkel Thomas erklärt:
„Tadeo findet, du tanzt wunderbar!"
Da errötet Tante Thea und fragt:
„Willst du mit mir tanzen, Tadeo?"

Was trägt Tante Thea? Vergleiche.

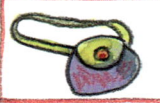

U, u

Uschis Umzug

Prinzessin Uschi hat den Überblick verloren.
In ihrem Zimmer stapeln sich Umzugskartons.
Alles ist durcheinander, unordentlich und unbequem.
„Unter diesen Umständen packe ich nicht.
Das ist unmöglich, absoluter Unsinn!"
Zu allem Übel ist ihr Pudel Undine verschwunden. Sitzt der unvernünftige Hund vielleicht in einem Umzugskarton?

Setze in jedem Wort ein U ein. Findest du die Gegenstände im Bild? Und wo ist Undine?

☐ FO ☐ NTERHOSE ☐ HR ☐ NTERHEMD

V, v

Vergissmeinnicht

Violetta hat viele Verehrer.
Aber verliebt ist sie nur in Victor.
Er hat so schöne veilchenblaue Augen.
Und vorgestern hat er ihr im Vorbeigehen
ein Sträußchen Vergissmeinnicht geschenkt.

Was tragen Violetta und Victor auf dem Kopf?

W, w

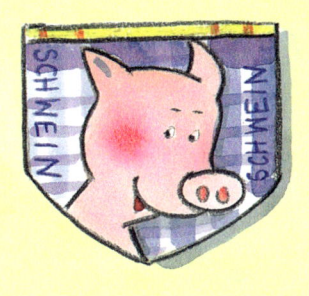

Die Wundertüte

Onkel Willi schenkt Wanda eine Wundertüte.
„Was ist darin?", will Wanda wissen.
„Weiß nicht", sagt Onkel Willi,
„vielleicht ein kleines Wunder?"

Wandas Wappen

**Entdeckst du in den Tiernamen das W?
In welchem Namen steht es am Anfang?**

X, x Das Elixier

„Krax, krex, krox, krix, das hilft doch nix!"

„Das Elixier für die Schönheit von Dr. Xaver Boroxil: Strahlend schön in null Komma nix mit einem Kräuter-Knoblauch-Mix!"

„Was ist ein E – li – xier?", will Trixi wissen.
Maxi schlägt im Lexikon nach:
„Ein Elixier ist ein Zaubertrank!"
Xandra ist begeistert:
„Super, das bestellen wir ganz fix!"

Buchstabenrallye

Y, y

Prinzessin Ysabell hat ihre Freundinnen zu einer Buchstabenrallye eingeladen. Hilf ihnen beim Buchstabensuchen.

Fünf Buchstaben aus dem Alphabet fehlen im Bild.
Richtig zusammengesetzt verraten sie dir, was sich Ysabell wünscht.
Streiche die Buchstaben, die du gefunden hast, durch.

A B C D E F G H I J K L M N O P Q R S T U V W X Y Z

Z, z

Zauberhaft und zickig

Zara ist zierlich, zart und einfach zauberhaft.
Ihr Gesicht ist herzförmig und wunderschön.
Aber sie ist auch ein bisschen zickig.
Unentwegt will sie Zöpfchen flechten.
Das mögen ihre zwölf zotteligen Katzen gar nicht.
Da sind sie ziemlich zimperlich.

NIX WIE WEG!

Ich muss zappeln!

ZUM ZERPLATZEN!

Das Prinzessinnen-Abc im Rückwärtsgang

Z Y X
Für Prinzessinnen geht das fix.

W V U
Hör gut zu.

T S R
Gar nicht so schwer.

Q P O
Das geht so.

N M L K
Ist schon klar.

J I H G
Tut nicht weh.

F E D
Auch ohne Fee …

C B A
… bist du schon da!

Lösungen

A: Apfel, Ananas, Aprikose

E: ELF, TEE, FEE

K: Es sind 13 Kaninchen.

L: Luftballon, Lolli (Lutscher), Leuchter, Lippenstift, Lexikon, Lilie, Limo, Löwe, Leiter

M: MAMA, OMA

N: Kokosnuss

P: Pokal, Pralinen, Pullover, Puzzleteil, Puppe, Papagei

S: Das Wort Sissi kommt fünfmal vor.

T: Turnschuhe, Tulpe, Tasche

U: UFO, UNTERHOSE, UHR, UNTERHEMD

W: LÖWE, SCHWEIN, WAL

Y: Ysabell wünscht sich eine KRONE.

Lesedetektive – Erstlesebücher

Der Lesedetektiv begleitet auch Grundschulkinder beim Lesenlernen. Fragen zum Text fördern gezielt das Leseverständnis. Mit Detektivwerkzeug zum Entschlüsseln der Antworten.

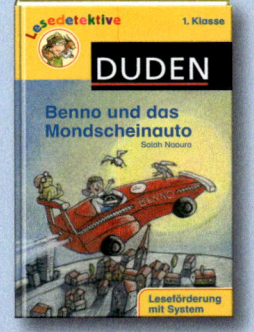

1. Klasse
- Benno und das Mondscheinauto
  ISBN 978-3-7373-3600-0
- Das verschwundene Geschenk
  ISBN 978-3-7373-3542-3
- Ein Bär reißt aus
  ISBN 978-3-7373-3544-7
- Klarer Fall für Anna Blum!
  ISBN 978-3-7373-3562-1
- Finn und Papa spielen Steinzeit
  ISBN 978-3-7373-3524-9
- Amelie lernt hexen
  ISBN 978-3-7373-3553-9

Jeweils
32 Seiten
15,3 × 22,8 cm
Gebunden

Lesedetektive – Mal mit!

- Neuartige Kombination aus Erstlese- und Malbuch für kreative Leseförderung
- Das Kind vervollständigt die Illustrationen selbst anhand des Textes
- Der Lesedetektiv hilft durch gezielte Aufgaben, die zeichnerisch gelöst werden

1. Klasse
- Ritter Flori und die Rache der Gespenster
  ISBN 978-3-7373-3609-3
- Die kleine Elfe Elvira
  ISBN 978-3-7373-3608-6
- Prinzessin Ella sucht das Abenteuer
  ISBN 978-3-7373-3519-5
- Zauberlehrling Mimo
  ISBN 978-3-7373-3518-8

Jeweils
48 Seiten
19,4 × 23,4 cm
Broschur

Weitere Titel auf **www.lesedetektive.de**